Impressum
Verlag: BABADADA GmbH, Nedderfeld 112 , 22529 Hamburg
Geschäftsführer / Verlagsleitung: Harald Hof
Druck: Books on Demand GmbH, In de Tarpen 42, 22848 Norderstedt

Imprint
Publisher: BABADADA GmbH, Nedderfeld 112 , 22529 Hamburg, Germany
Managing Director / Publishing direction: Harald Hof
Print: Books on Demand GmbH, In de Tarpen 42, 22848 Norderstedt, Germany

shkolla
Schule

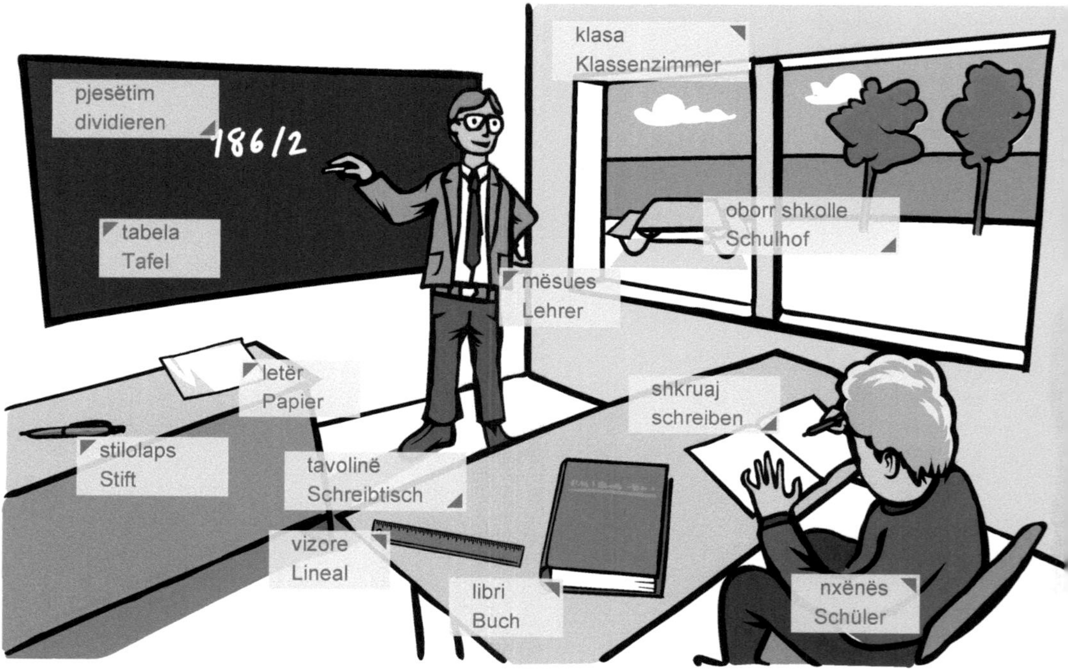

klasa
Klassenzimmer
pjesëtim
dividieren
186/2
tabela
Tafel
oborr shkolle
Schulhof
mësues
Lehrer
letër
Papier
shkruaj
schreiben
stilolaps
Stift
tavolinë
Schreibtisch
vizore
Lineal
libri
Buch
nxënës
Schüler

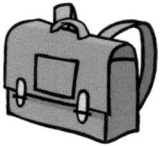

çantë
Ranzen

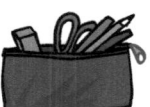

mbajtëse lapsash
Federmappe

laps
Bleistift

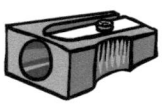

mprehës lapsash
Bleistiftanspitzer

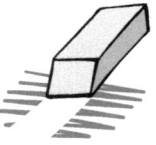

gomë
Radiergummi

fletore vizatimi
Zeichenblock

vizatim

Zeichnung

penel

Pinsel

kuti bojërash

Malkasten

gërshërë

Schere

ngjitës

Klebstoff

fletore detyrash

Übungsheft

detyrë shtëpie

Hausaufgabe

numër

Zahl

mbledh

addieren

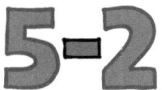

zbres

subtrahieren

shumëzoj

multiplizieren

llogaris

rechnen

gërmë

Buchstabe

alfabeti

Alphabet

fjalë

Wort

tekst

Text

lexoj

lesen

shkumës

Kreide

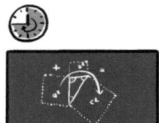

mësim

Stunde

regjistër

Klassenbuch

provim

Prüfung

çertifikatë

Zeugnis

uniformë shkolle

Schuluniform

arsimim

Ausbildung

enciklopedia

Lexikon

universitet

Universität

mikroskop

Mikroskop

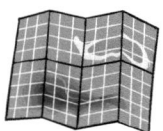

hartë

Karte

kosh letrash

Papierkorb

udhëtim
Reise

hotel
Hotel
Grand
bujtinë
Herberge
ROOMS
pikë këmbimi valutor
Wechselstube
EXCHANGE
valixhe
Koffer
makinë
Auto

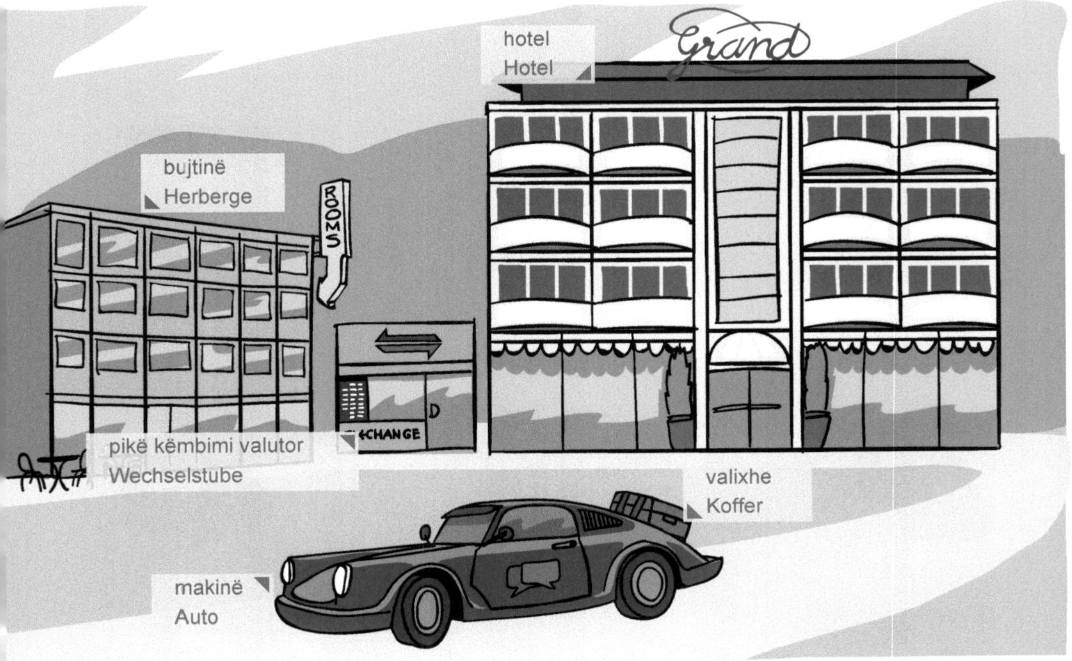

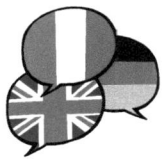

gjuhë

Sprache

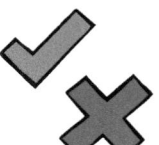

po / jo

ja / nein

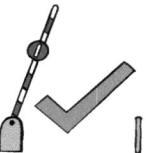

Në rregull

Okay

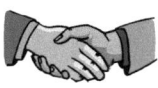

ç'kemi

Hallo

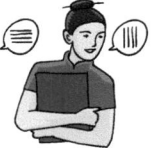

përkthyes

Übersetzer

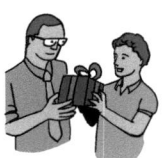

Faleminderit

Danke

sa kushton...?

Was kostet...?

nuk e kuptoj

Ich verstehe nicht

problem

Problem

Mirëmbrëma!

Guten Abend!

Mirëmëngjes!

Guten Morgen!

Natën e mirë!

Gute Nacht!

mirupafshim

Auf Wiedersehen

drejtim

Richtung

bagazhet

Gepäck

çantë

Tasche

çantë shpine

Rucksack

mysafir

Gast

dhomë

Zimmer

thes gjumi

Schlafsack

tendë

Zelt

informacion për turistët

Touristeninformation

plazh

Strand

kartë krediti

Kreditkarte

mëngjes

Frühstück

drekë

Mittagessen

darkë

Abendessen

Biletë

Fahrkarte

ashensor

Fahrstuhl

pulla

Briefmarke

kufi

Grenze

doganë

Zoll

ambasadë

Botschaft

vizë

Visum

pasaportë

Pass

transport
Transport

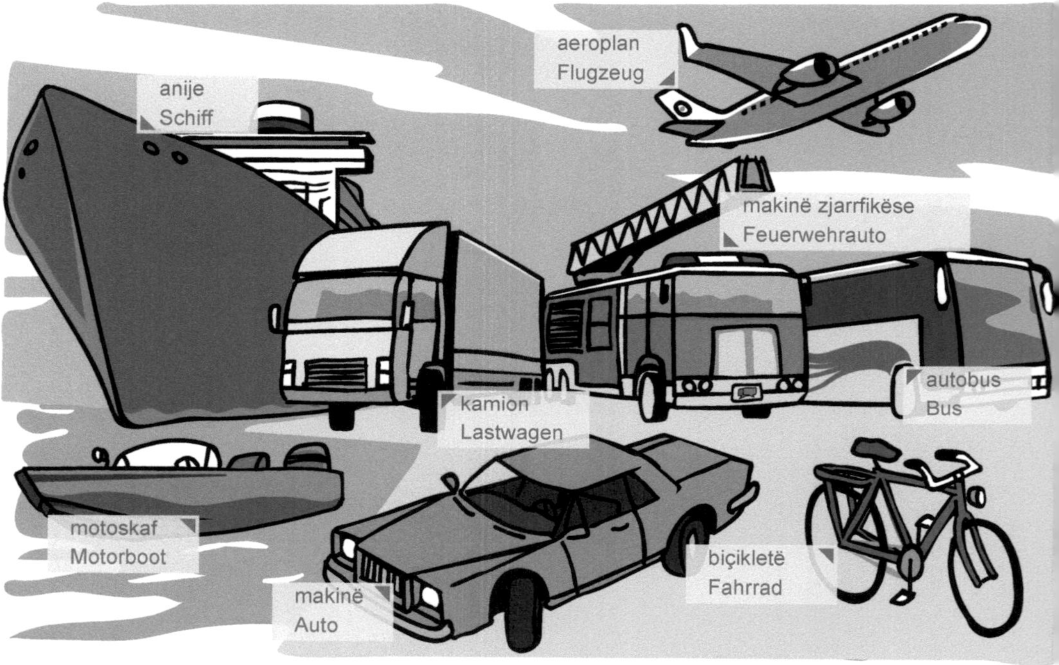
aeroplan
Flugzeug
anije
Schiff
makinë zjarrfikëse
Feuerwehrauto
kamion
Lastwagen
autobus
Bus
motoskaf
Motorboot
biçikletë
Fahrrad
makinë
Auto

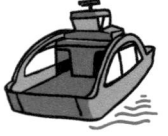

traget
Fähre

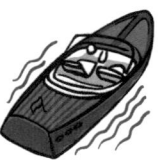

varkë
Boot

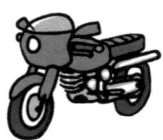

motoçikletë
Motorrad

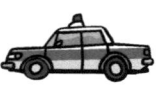

makinë policie
Polizeiauto

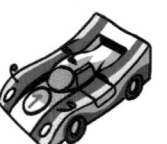

makinë garash
Rennauto

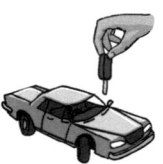

makinë me qira
Mietwagen

ndarje e qirasë së makinës

Carsharing

karroatrec

Abschleppwagen

makinë plehrash

Müllauto

motor

Motor

benzinë

Kraftstoff

pikë karburanti

Tankstelle

sinjalistikë trafiku

Verkehrsschild

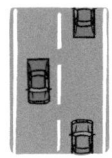

trafik

Verkehr

bllokim trafiku

Stau

parkim makinash

Parkplatz

stacion treni

Bahnhof

trase

Schienen

tren

Zug

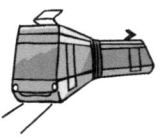

tramvaj

Straßenbahn

karro

Wagon

helikopter

Helikopter

aeroport

Flughafen

kullë

Tower

pasagjer

Passagier

kontenier

Container

kuti kartoni

Karton

qerre

Karren

shportë

Korb

ngrihem / ulem

starten / landen

qytet
Stadt

fshat

Dorf

qendra e qytetit

Stadtzentrum

shtëpi

Haus

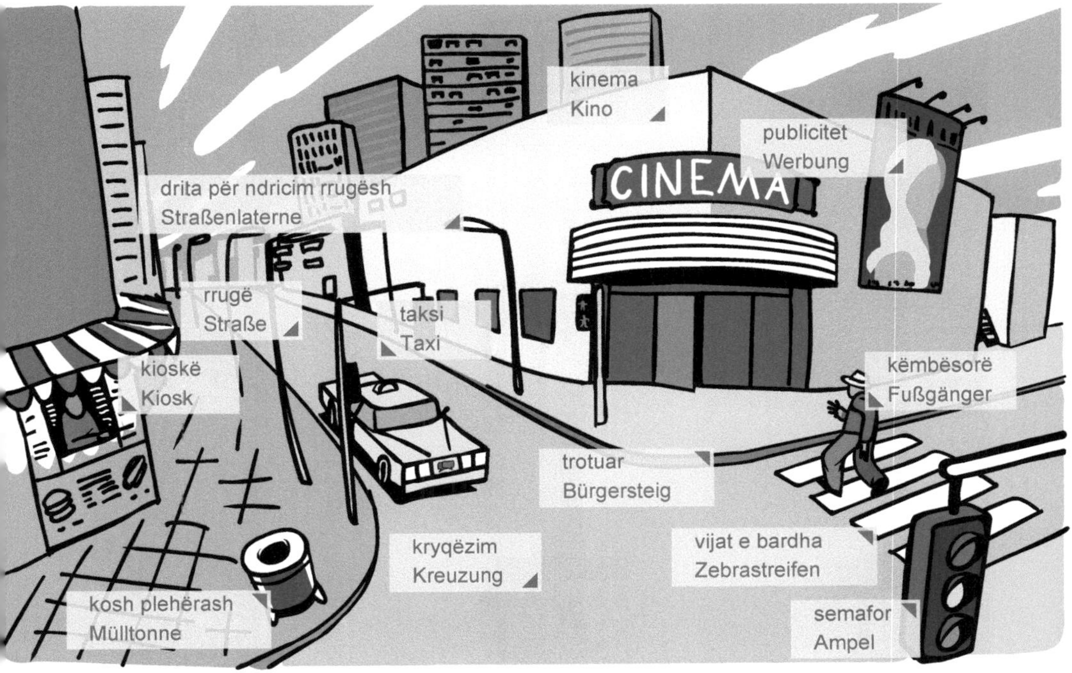

kinema
Kino
publicitet
Werbung
CINEMA
drita për ndricim rrugësh
Straßenlaterne
rrugë
Straße
taksi
Taxi
kioskë
Kiosk
këmbësorë
Fußgänger
trotuar
Bürgersteig
kryqëzim
Kreuzung
vijat e bardha
Zebrastreifen
kosh plehërash
Mülltonne
semafor
Ampel

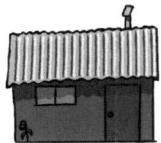

kasolle

Hütte

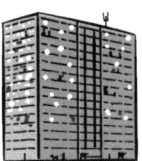

apartament

Wohnung

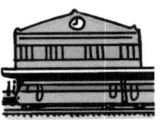

stacion treni

Bahnhof

bashki

Rathaus

MUSEUM

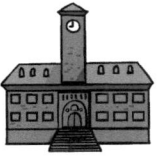

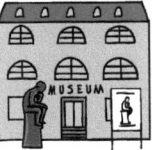

muze

Museum

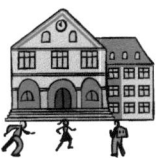

shkolla

Schule

universitet

Universität

bankë

Bank

spital

Krankenhaus

hotel

Hotel

farmaci

Apotheke

zyrë

Büro

librari

Buchhandlung

dyqan

Geschäft

dyqan lulesh

Blumenladen

supermarket

Supermarkt

market

Markt

mapo

Kaufhaus

dyqan peshku

Fischhändler

qëndër tregtare

Einkaufszentrum

port

Hafen

park

Park

stol

Bank

urë

Brücke

shkallë

Treppe

metro

U-Bahn

tunel

Tunnel

stacion autobuzi

Bushaltestelle

bar

Bar

restorant

Restaurant

kuti postare

Briefkasten

sinjalistikë rrugore

Straßenschild

kohëmatës parkimi

Parkuhr

kopsht zoologjik

Zoo

pishinë

Badeanstalt

xhami

Moschee

fermë
....
Bauernhof

ndotje
....
Umweltverschmutzung

varrezë
....
Friedhof

kishë
....
Kirche

shesh lojërash
....
Spielplatz

tempull
....
Tempel

peisazh
Landschaft

gjethe
Blatt

tabela orientuese
Wegweiser

rrugë
Weg

livadh
Wiese

gurë
Stein

ekskursionist
Wanderer

pemë
Baum

lumë
Fluss

bar
Gras

lule
Blume

luginë

Tal

kodër

Berg

liqen

See

pyll

Wald

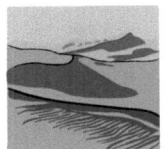

shkretëtirë

Wüste

vullkan

Vulkan

kështjellë

Schloss

ylber

Regenbogen

kepudhë

Pilz

palmë

Palme

mushkonjë

Moskito

mizë

Fliege

milingonë

Ameise

bletë

Biene

merimangë

Spinne

brumbull

Käfer

bretkosë

Frosch

ketër

Eichhörnchen

iriq

Igel

lepur

Hase

buf

Eule

zog

Vogel

mjellmë

Schwan

derr i egër

Wildschwein

dre

Hirsch

dre brilopatë

Elch

digë

Staudamm

turbinë ere

Windrad

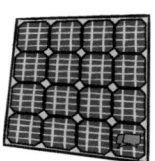

panel diellor

Solarmodul

klimë

Klima

restorant
Restaurant

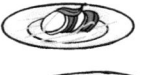

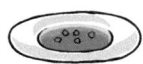

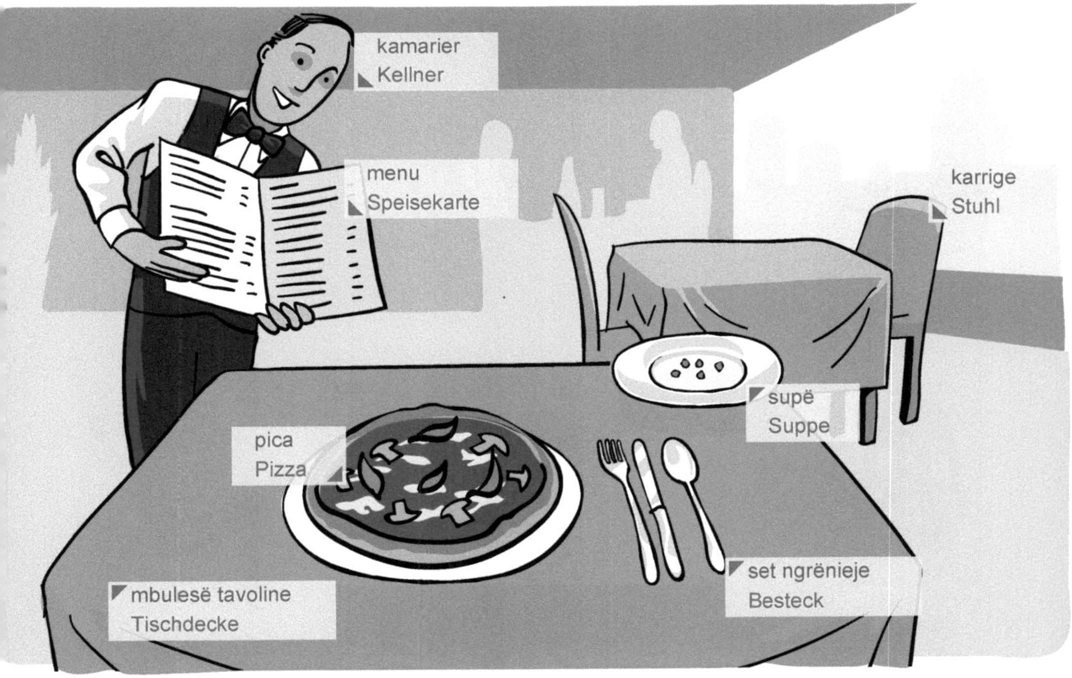

kamarier
Kellner
menu
Speisekarte
karrige
Stuhl
supë
Suppe
pica
Pizza
set ngrënieje
Besteck
mbulesë tavoline
Tischdecke

pjatë e parë

Vorspeise

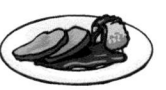

pjatë kryesore

Hauptgericht

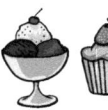

ëmbëlsirë

Nachspeise

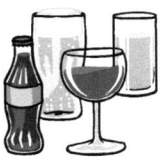

pije

Getränke

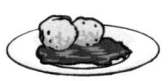

ushqim

Essen

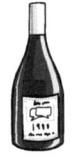

shishe

Flasche

ushqim i shpejtë

Fastfood

ushqim i shërbyer në rrugë

Streetfood

ibrik çaji

Teekanne

kuti sheqeri

Zuckerdose

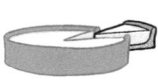

racion

Portion

makinë kafeje ekspres

Espressomaschine

karrige e lartë

Hochstuhl

faturë

Rechnung

tabaka

Tablett

thika

Messer

pirun

Gabel

lugë

Löffel

lugë çaji

Teelöffel

pecetë

Serviette

gotë

Glas

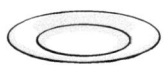

pjatë

Teller

pjatë supe

Suppenteller

pjatë filxhani

Untertasse

salcë

Sauce

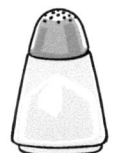

mbajtëse kripe

Salzstreuer

mulli piperi

Pfeffermühle

uthull

Essig

vaj

Öl

erëza

Gewürze

keçap

Ketchup

mustardë

Senf

majonezë

Mayonnaise

supermarket
Supermarkt

ofertë speciale
Angebot
FOR
klient
Kunde
produkte bulmeti
Milchprodukte
frut
Obst
karrocë pazari
Einkaufswagen

BUTCHERS

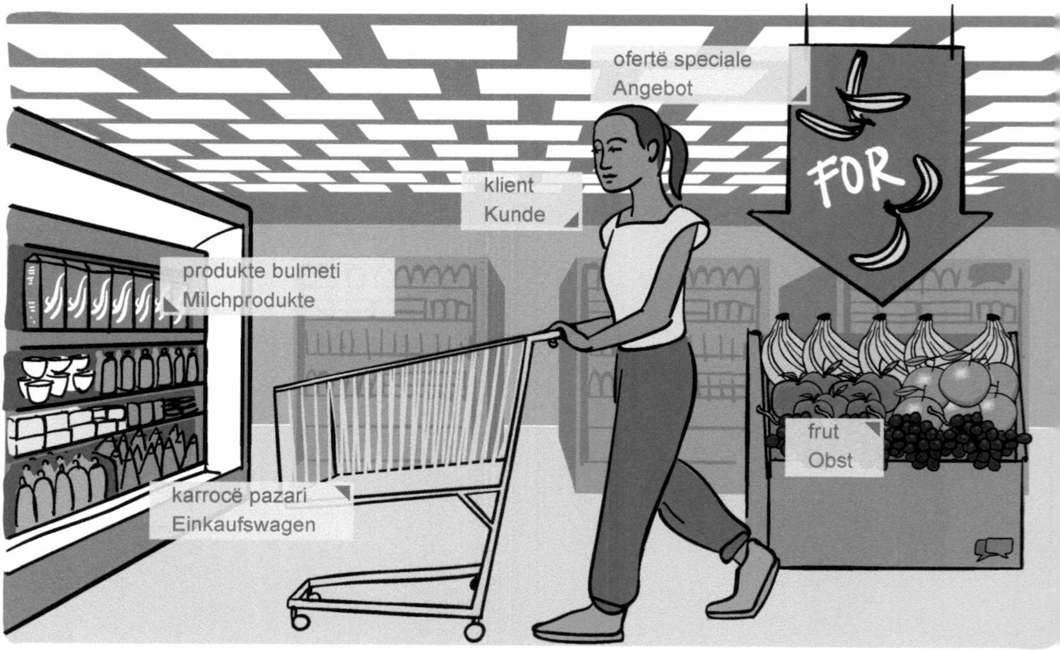

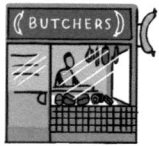

dyqan mishi

Schlachterei

BAKERY

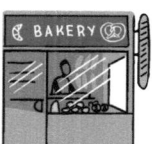

furrë buke

Bäckerei

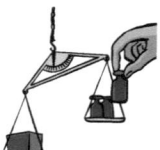

peshoj

wiegen

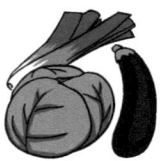

perime

Gemüse

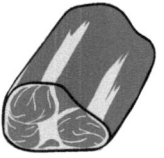

mish

Fleisch

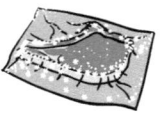

ushqim i ngrirë

Tiefkühlkost

copë

Aufschnitt

ushqim i konservuar

Konserven

pluhur larës

Waschmittel

ëmbëlsirat

Süßigkeiten

prodhime shtëpie

Haushaltsartikel

produkte pastrimi

Reinigungsmittel

shitëse

Verkäuferin

kasë fiskale

Kasse

arkëtar

Kassierer

listë blerjeje

Einkaufsliste

oraret e punës

Öffnungszeiten

portofol

Brieftasche

kartë krediti

Kreditkarte

çantë

Tasche

qese plastike

Plastiktüte

ujë

Wasser

lëng frutash

Saft

qumësht

Milch

koka-kola

Cola

verë

Wein

birrë

Bier

alkool

Alkohol

kakao

Kakao

çaj

Tee

kafe

Kaffee

kafe ekspres

Espresso

kapuçino

Cappuccino

banane

Banane

mollë

Apfel

portokalle

Orange

pjepër

Melone

limon

Zitrone

karrotë

Karotte

hudhër

Knoblauch

bambu

Bambus

qepë

Zwiebel

kërpudha

Pilz

arra

Nüsse

makarona

Nudeln

spageti

Spaghetti

oriz

Reis

sallatë

Salat

patate të skuqura

Pommes frites

patate të skuqura

Bratkartoffeln

pica

Pizza

hamburger

Hamburger

sanduiç

Sandwich

shnicel

Schnitzel

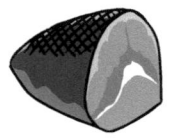

proshutë

Schinken

sallam

Salami

salçiçe

Wurst

pulë

Huhn

skuq

Braten

peshk

Fisch

tërshërë

Haferflocken

drithëra

Müsli

kornfleiks

Cornflakes

miell

Mehl

kruasant

Croissant

panine

Brötchen

bukë

Brot

tost

Toast

biskotë

Kekse

gjalp

Butter

gjizë

Quark

tortë

Kuchen

vezë

Ei

vezë sy

Spiegelei

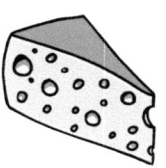

djathë

Käse

akullore

Eiscreme

sheqer

Zucker

mjaltë

Honig

marmaladë

Marmelade

çokokrem

Nougat-Creme

këri

Curry

shtëpi fermë
Bauernhaus

deng bari
Strohballen

hangar
Scheune

fushë
Feld

kal
Pferd

rimorkio
Anhänger

kërriç
Fohlen

traktor
Traktor

gomar
Esel

dele
Schaf

qengj
Lamm

dhi

Ziege

lopë

Kuh

viç

Kalb

derr

Schwein

derrkuc

Ferkel

dem

Bulle

patë
Gans

rosë
Ente

zog pule
Küken

pulë
Huhn

gjel
Hahn

mi
Ratte

mace
Katze

mi
Maus

buall
Ochse

qen
Hund

kolibe qeni
Hundehütte

zorrë vaditëse
Gartenschlauch

vaditëse
Gießkanne

kosë
Sense

plug
Pflug

drapër
Sichel

shat
Hacke

kosa
Mistgabel

sëpatë
Axt

karrocë
Schubkarre

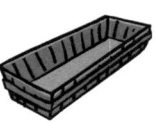

govatë
Trog

bidon qumështi
Milchkanne

thes
Sack

gardh
Zaun

ahur
Stall

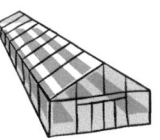

serë
Treibhaus

dhe
Boden

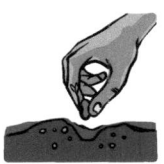

farë
Saat

pleh
Dünger

autokombanjë
Mähdrescher

fermë - Bauernhof

korr

ernten

te korrat

Ernte

patate e ëmbël "Yam"

Yamswurzel

grurë

Weizen

soja

Soja

patate

Kartoffel

misër

Mais

raps

Raps

pemë frutore

Obstbaum

zhardhok manioku

Maniok

drithëra

Getreide

fermë - Bauernhof

shtëpi
Haus

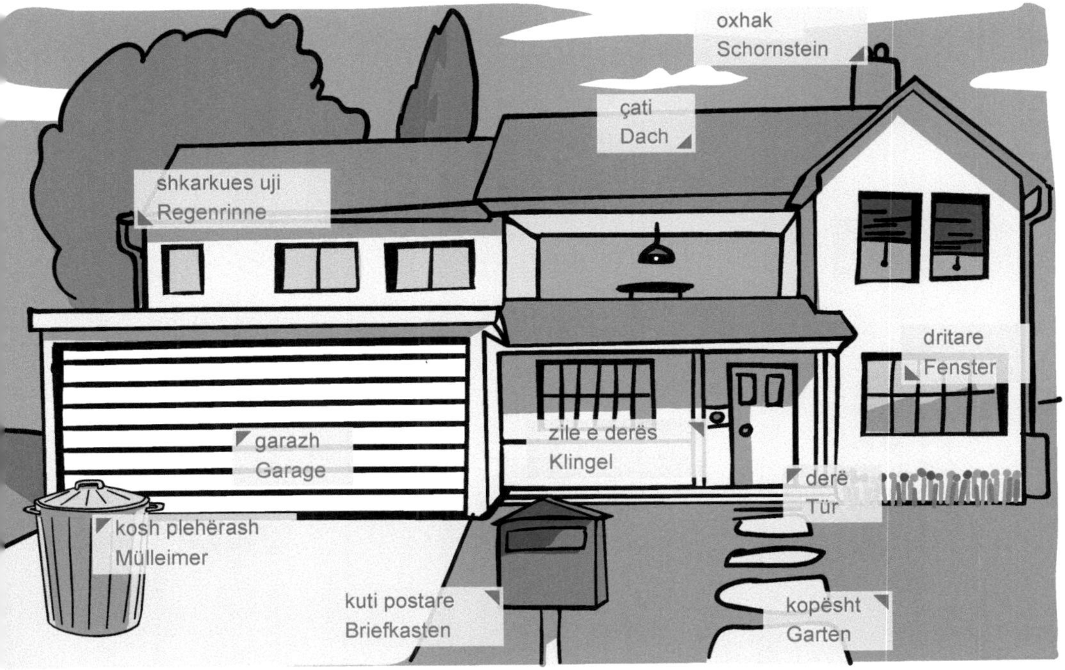
oxhak
Schornstein
çati
Dach
shkarkues uji
Regenrinne
dritare
Fenster
garazh
Garage
zile e derës
Klingel
derë
Tür
kosh plehërash
Mülleimer
kuti postare
Briefkasten
kopësht
Garten

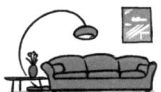

dhomë ndenjeje

Wohnzimmer

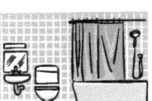

tualet

Badezimmer

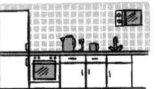

kuzhinë

Küche

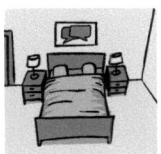

dhomë gjumi

Schlafzimmer

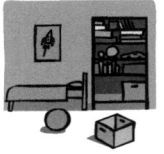

dhomë fëmijësh

Kinderzimmer

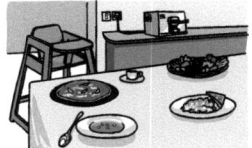

dhomë ngrënieje

Esszimmer

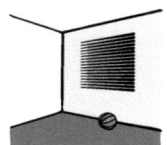

dysheme

Boden

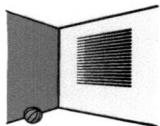

mur

Wand

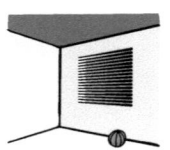

tavan

Decke

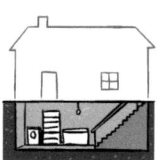

bodrum

Keller

sauna

Sauna

ballkon

Balkon

tarracë

Terrasse

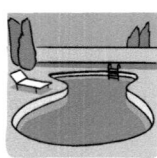

pishinë

Schwimmbad

kositëse bari

Rasenmäher

çarçaf

Bettbezug

kuvertë

Bettdecke

krevat

Bett

fshesë dore

Besen

kovë

Eimer

çelës

Schalter

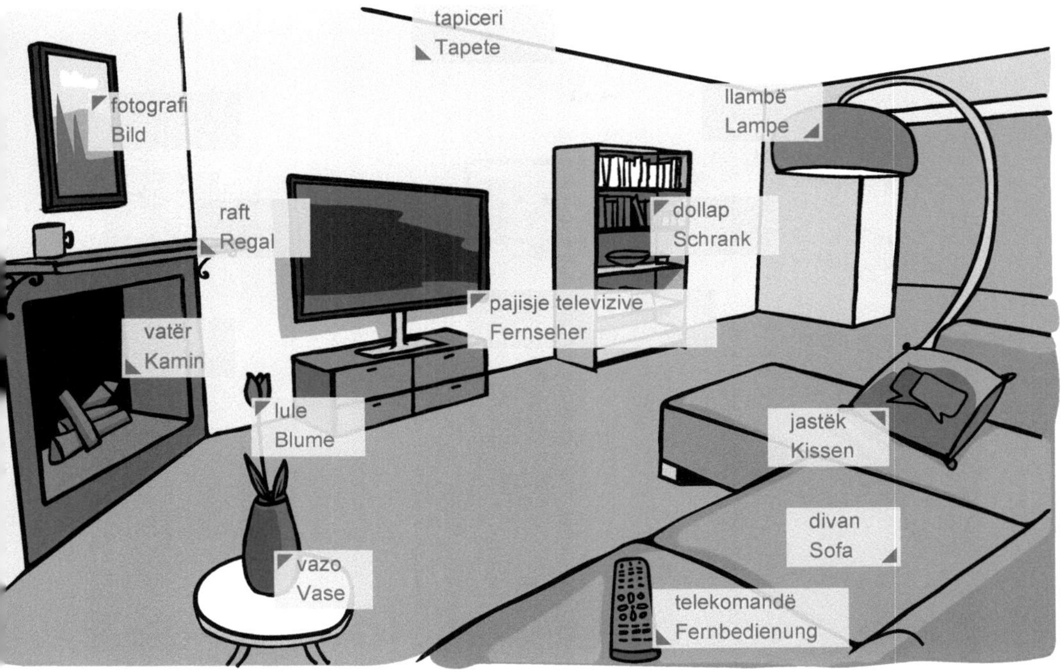

tapiceri
Tapete

fotografi
Bild

llambë
Lampe

raft
Regal

dollap
Schrank

vatër
Kamin

pajisje televizive
Fernseher

lule
Blume

jastëk
Kissen

divan
Sofa

vazo
Vase

telekomandë
Fernbedienung

qilim
Teppich

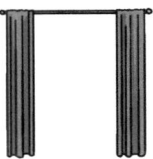

perde
Vorhang

tavolinë
Tisch

karrige
Stuhl

karrige lëkundëse
Schaukelstuhl

kolltuk
Sessel

libri

Buch

batanije

Decke

zbukurime

Dekoration

dru zjarri

Feuerholz

film

Film

stereo

Stereoanlage

çelës

Schlüssel

gazetë

Zeitung

pikturë

Gemälde

afishe

Poster

radio

Radio

bllok shënimesh

Notizblock

fshesë me korent

Staubsauger

kaktus

Kaktus

qiri

Kerze

kuzhinë
Küche

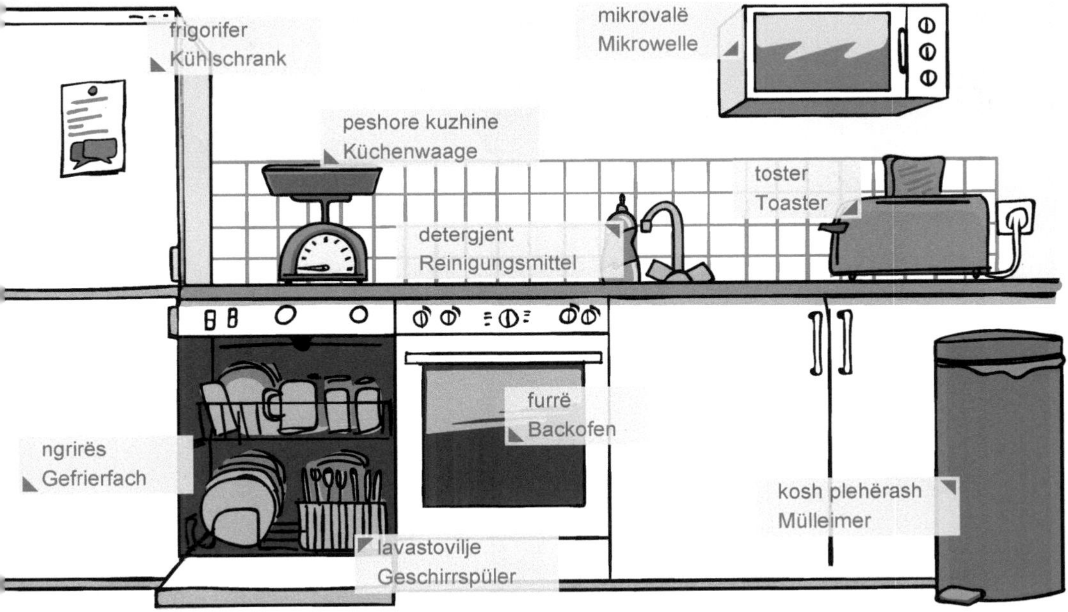
frigorifer
Kühlschrank
mikrovalë
Mikrowelle
peshore kuzhine
Küchenwaage
toster
Toaster
detergjent
Reinigungsmittel
furrë
Backofen
ngrirës
Gefrierfach
kosh plehërash
Mülleimer
lavastovilje
Geschirrspüler

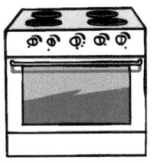

sobë
....
Herd

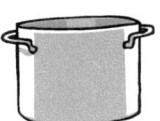

tenxhere
....
Topf

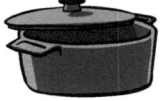

tenxhere me kapak
....
Eisentopf

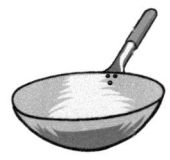

tigan special (Wok)
....
Wok / Kadai

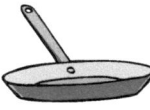

tigan
....
Pfanne

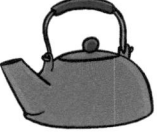

çajnik
....
Wasserkocher

tenxhere me avull

Dampfgarer

tavë pjekjeje

Backblech

enë

Geschirr

filxhan

Becher

tas

Schale

shkopinj

Essstäbchen

garuzhde

Suppenkelle

spatul

Pfannenwender

tel kuzhine

Schneebesen

kulluese

Kochsieb

sitë

Sieb

rende

Reibe

havan

Mörser

skarë

Grill

zjarr

Feuerstelle

kuzhinë - Küche

dërrasë për prerje

Schneidebrett

okllai

Nudelholz

heqëse tapash

Korkenzieher

kanaçe

Dose

hapëse kanaçeje

Dosenöffner

rrobë për të kapur tenxheren

Topflappen

lavaman

Waschbecken

furçë

Bürste

sfungjer

Schwamm

përzjerës

Mixer

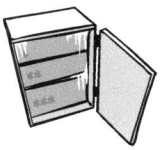

ngrirës

Gefriertruhe

biberon për lëngje

Babyflasche

rubinet

Wasserhahn

tualet
Badezimmer

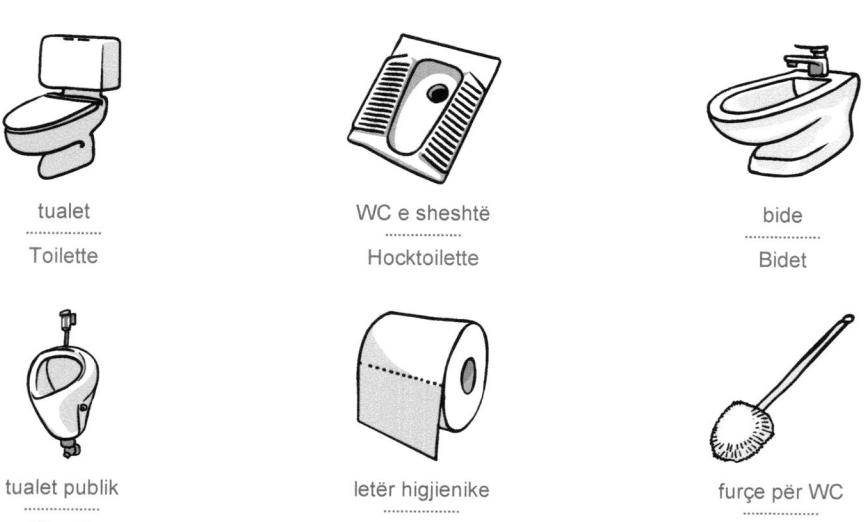

ngrohje
Heizung
dush
Dusche
peshqirë
Handtuch
perde dushi
Duschvorhang
vaskë me shkumë
Schaumbad
vaskë
Badewanne
gotë
Glas
lavatriçe
Waschmaschine
rubinet
Wasserhahn
pllaka
Fliesen
oturak
Töpfchen
lavaman
Waschbecken

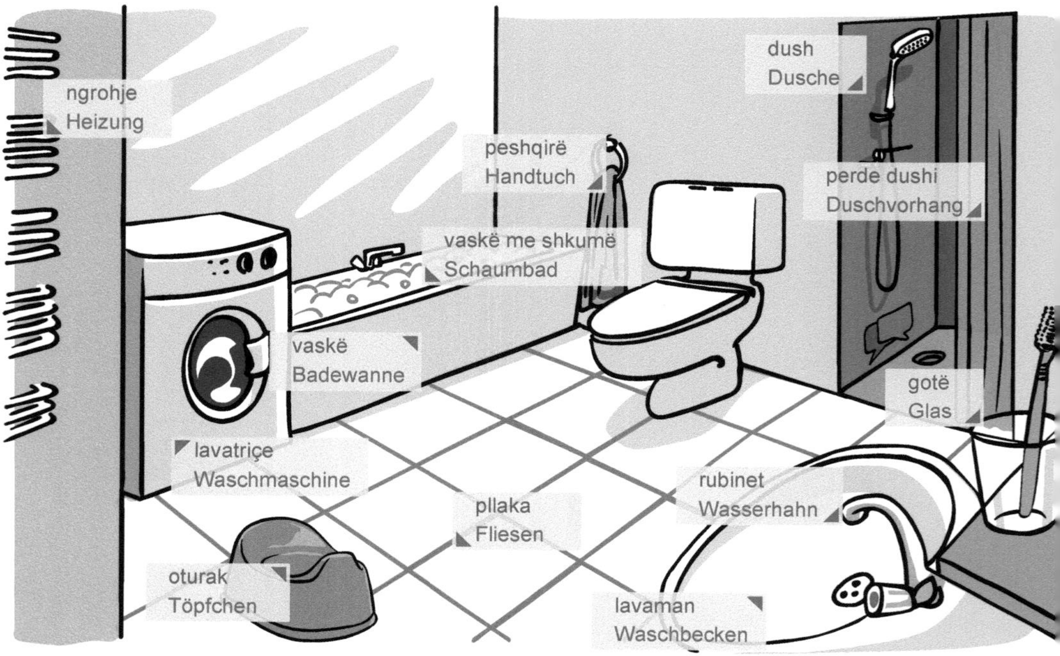

tualet

Toilette

WC e sheshtë

Hocktoilette

bide

Bidet

tualet publik

Pissoir

letër higjienike

Toilettenpapier

furçe për WC

Toilettenbürste

furçë dhëmbësh

Zahnbürste

pastë dhëmbësh

Zahnpasta

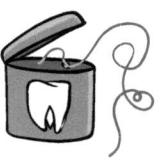

fije dentare

Zahnseide

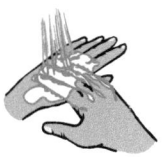

laj

waschen

dorezë dushi

Handbrause

larës për zonën intime

Intimdusche

legen

Waschschüssel

furçë për masazh shpine

Rückenbürste

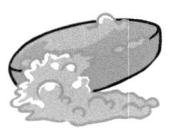

sapun

Seife

shampo trupi

Duschgel

shampo

Shampoo

leckë pastruese

Waschlappen

kullues

Abfluss

krem

Creme

antidjersë

Deodorant

pasqyrë

Spiegel

pasqyrë dore

Kosmetikspiegel

brisk rroje

Rasierer

shkumë rroje

Rasierschaum

locion pas rrojes

Rasierwasser

krehër

Kamm

furçë

Bürste

tharëse flokësh

Föhn

llak për flokët

Haarspray

grim

Makeup

buzëkuq

Lippenstift

manikyr

Nagellack

mbushje pambuku

Watte

gërshërë për thonj

Nagelschere

parfum

Parfum

çantë për sendet personale

Kulturbeutel

Stol

Hocker

peshore

Waage

robëdëshambër

Bademantel

dorashka gome

Gummihandschuhe

tampon

Tampon

peceta higjienike

Damenbince

tualet I lëvizshëm

Chemietoilette

dhomë fëmijësh
Kinderzimmer

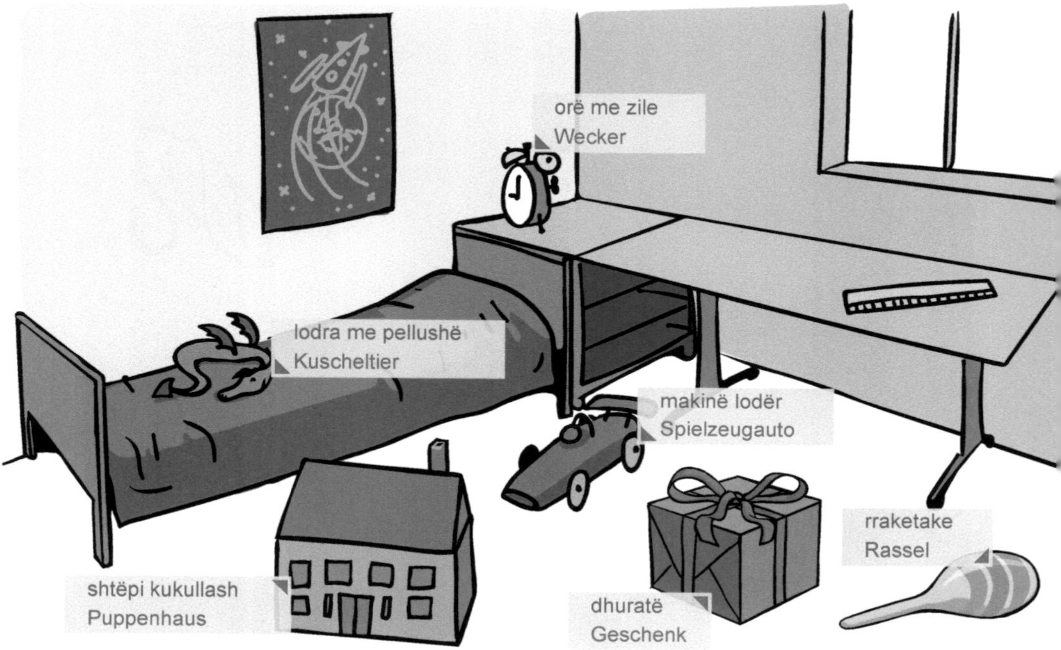
orë me zile
Wecker
lodra me pellushë
Kuscheltier
makinë lodër
Spielzeugauto
rraketake
Rassel
shtëpi kukullash
Puppenhaus
dhuratë
Geschenk

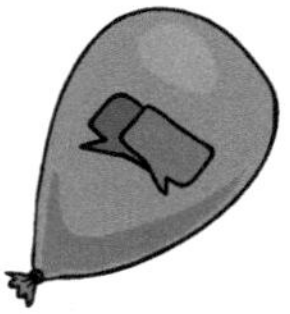

tollumbace
Ballon

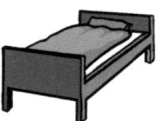

krevat
Bett

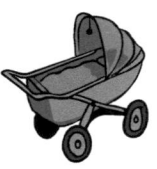

karrocë fëmijësh
Kinderwagen

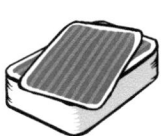

lojë me letra
Kartenspiel

bashkim pjesësh me figura
Puzzle

SUPER
MEGA
komik
Comic

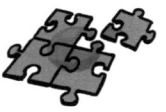

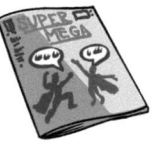

formuese lodër

Legosteine

kuba plastikë

Bausteine

lodra

Action Figur

badi

Strampelanzug

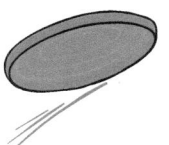

frizbi

Frisbee

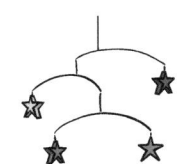

lodra të varura tek krevati i fëmijëve

Mobile

tavolinë lojërash

Brettspiel

zare

Würfel

model treni

Modelleisenbahn

biberon

Schnuller

festë

Party

libër me ilustrime

Bilderbuch

top

Ball

kukull

Puppe

luaj

spielen

grumbull rëre

Sandkasten

kolovarëse

Schaukel

lodra

Spielzeug

leva për lojra video

Spielkonsole

triçikël

Dreirad

arush prej pellushi

Teddy

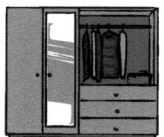

garderobë

Kleiderschrank

veshje
Kleidung

çorape

Socken

çorape të gjata

Strümpfe

geta

Strumpfhose

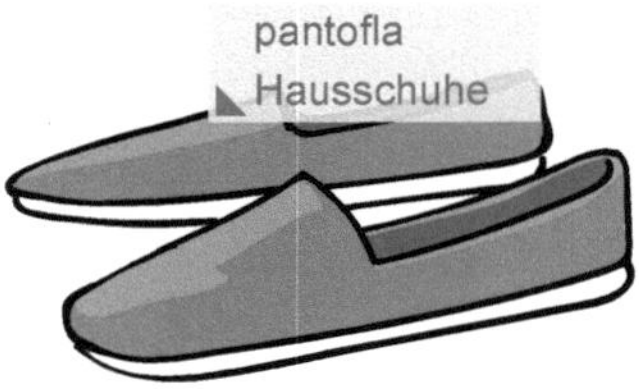

shall
Schal

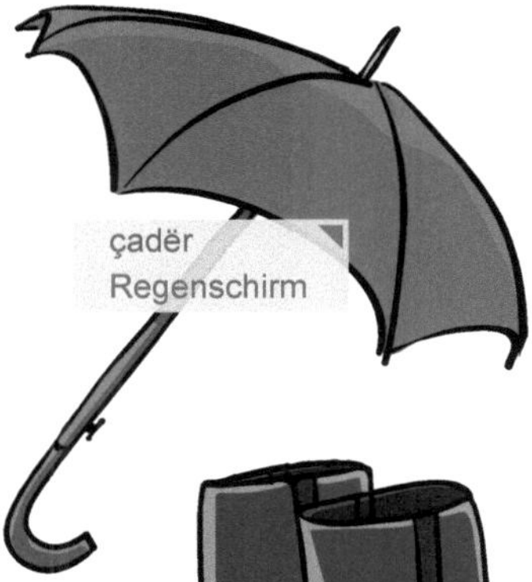

çadër
Regenschirm

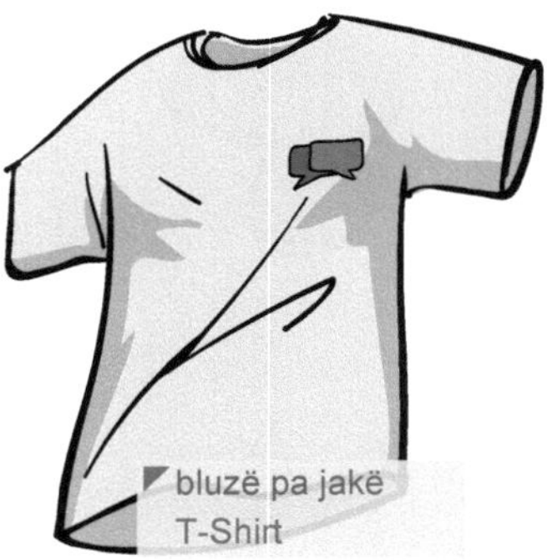

bluzë pa jakë
T-Shirt

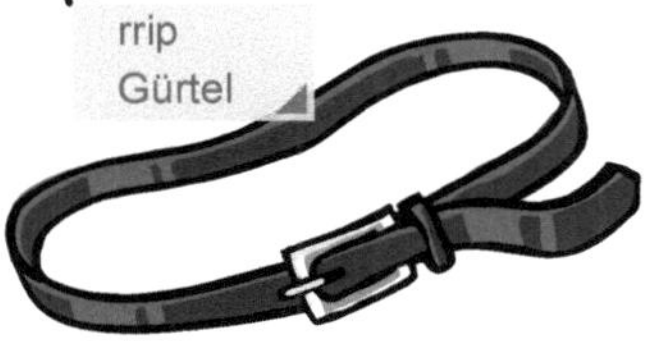

rrip
Gürtel

çizme
Stiefel

pantofla
Hausschuhe

atlete
Turnschuhe

sandale
Sandalen

këpucë
Schuhe

çizme llastiku
Gummistiefel

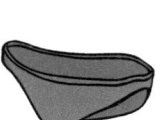

të mbathura
Unterhose

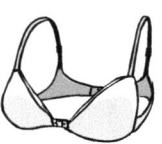

reçipeta
Büstenhalter

kanotierë
Unterhemd

trup

Body

pantallona

Hose

xhinse

Jeans

fund

Rock

bluzë

Bluse

këmishë

Hemd

pulovër

Pullover

triko

Kapuzenpullover

xhaketë

Blazer

xhaketë

Jacke

pallto

Mantel

mushama shiu

Regenmantel

kostum

Kostüm

fustan

Kleid

fustan nusërie

Hochzeitskleid

kostum

Anzug

këmishë nate

Nachthemd

pizhama

Schlafanzug

sari (veshje tradicionale indiane)

Sari

shami koke

Kopftuch

çallmë

Turban

veshje për femrat e besimit musliman

Burka

kaftan (lloj veshjeje tradicionale)

Kaftan

ferexhe

Abaya

kostum banje

Badeanzug

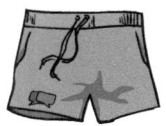

rroba banje

Badehose

pantallona të shkurtra

Kurze Hose

tuta sporti

Trainingsanzug

përparëse

Schürze

dorashka

Handschuhe

kopsë

Knopf

syze

Brille

byzylyk

Armband

gjerdan

Halskette

unazë

Ring

vath

Ohrring

kapuç

Mütze

varëse për pallto

Kleiderbügel

kapele

Hut

kravatë

Krawatte

zinxhir

Reißverschluss

helmetë

Helm

tiranda

Hosenträger

uniformë shkolle

Schuluniform

uniformë

Uniform

gushore
Lätzchen

biberon
Schnuller

pelenë
Windel

zyrë
Büro

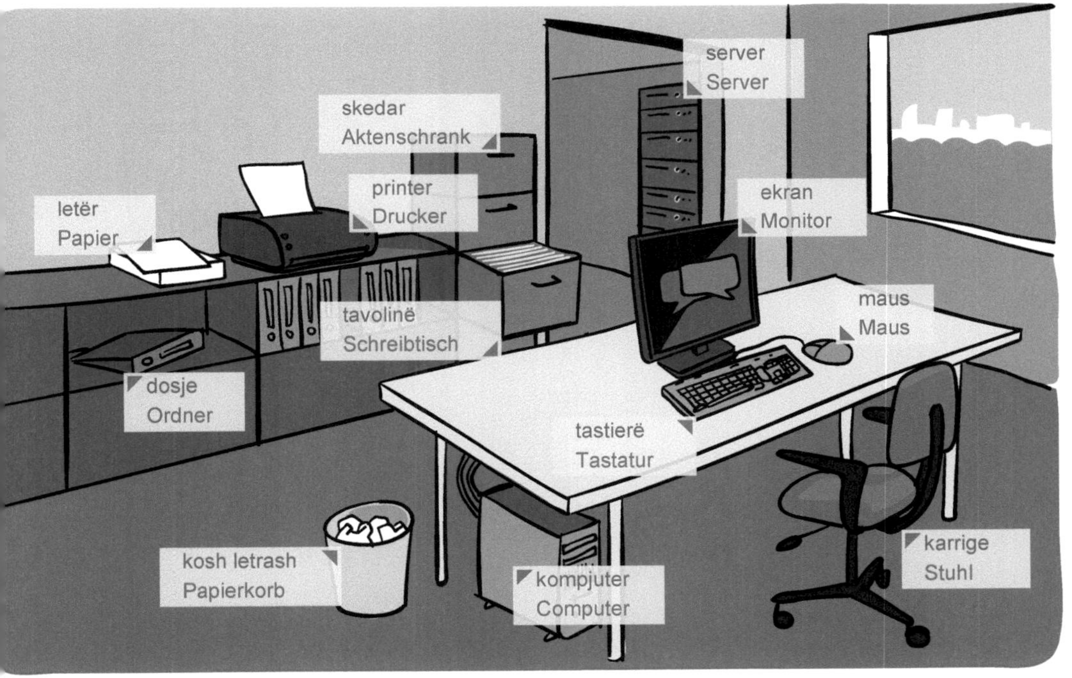

server
Server

skedar
Aktenschrank

printer
Drucker

letër
Papier

ekran
Monitor

maus
Maus

tavolinë
Schreibtisch

dosje
Ordner

tastierë
Tastatur

karrige
Stuhl

kosh letrash
Papierkorb

kompjuter
Computer

filxhan kafeje
Kaffeebecher

makinë llogaritëse
Taschenrechner

internet
Internet

kompjuter portativ

Laptop

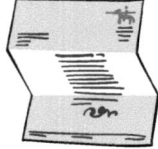

letër

Brief

mesazh

Nachricht

telefon

Handy

rrjet

Netzwerk

fotokopje

Kopierer

program

Software

telefon

Telefon

prizë

Steckdose

pajisje faksi

Fax

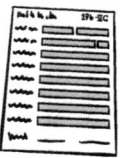

formular

Formular

dokument

Dokument

blej

kaufen

paguaj

bezahlen

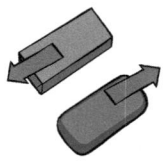

tregtoj

handeln

para

Geld

dollar

Dollar

euro

Euro

jen

Yen

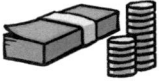

rubla

Rubel

franga zvicerane

Franken

juani kinez

Renminbi Yuan

rupje

Rupie

bankomat

Geldautomat

pikë këmbimi valutor

Wechselstube

ar

Gold

argjend

Silber

nafta

Öl

energji

Energie

çmim

Preis

kontratë

Vertrag

taksë

Steuer

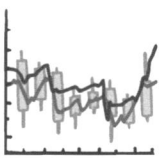

aksione

Aktie

punoj

arbeiten

punonjës

Angestellter

punëdhënës

Arbeitgeber

fabrikë

Fabrik

dyqan

Geschäft

profesionet
Berufe

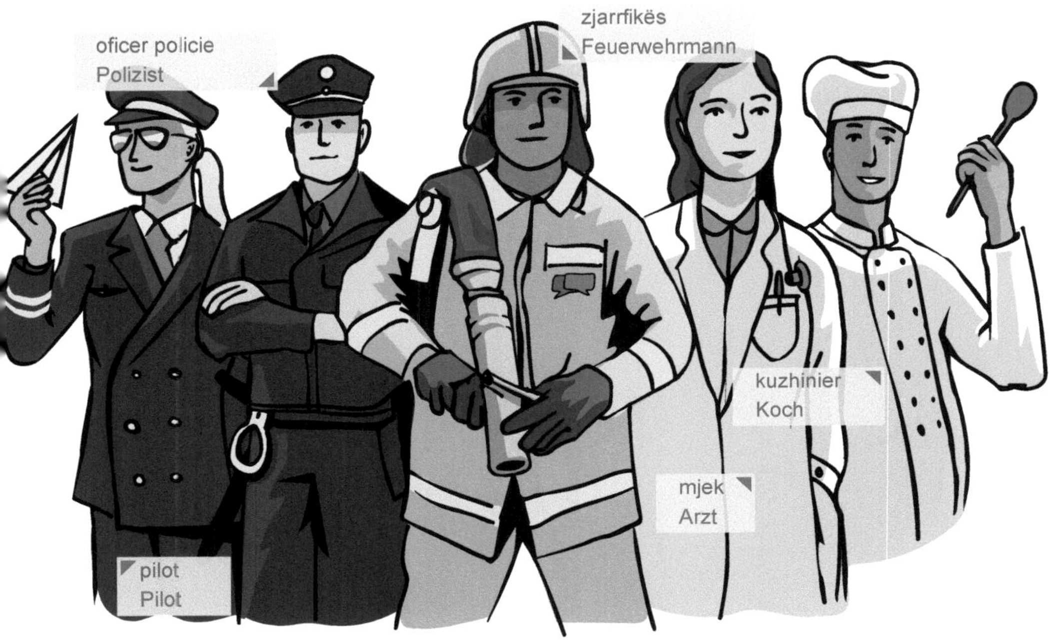
zjarrfikës
Feuerwehrmann
oficer policie
Polizist
kuzhinier
Koch
mjek
Arzt
pilot
Pilot

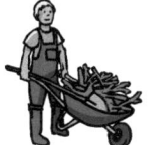

kopshtar

Gärtner

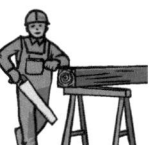

marangoz

Tischler

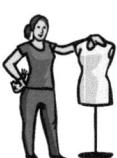

rrobaqepëse

Näherin

gjykatës

Richter

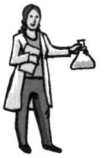

kimist

Chemiker

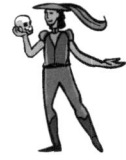

aktor

Schauspieler

shofer autobuzi

Busfahrer

taksist

Taxifahrer

peshkatar

Fischer

pastruese

Putzfrau

riparues çatish

Dachdecker

kamarier

Kellner

gjuetar

Jäger

piktor

Maler

furrxhi

Bäcker

elektriçist

Elektriker

ndërtues

Bauarbeiter

inxhinier

Ingenieur

kasap

Schlachter

hidraulik

Klempner

postieri

Postbote

ushtar

Soldat

arkitekt

Architekt

arkëtar

Kassierer

luleshitës

Florist

berber

Friseur

kontrollor

Schaffner

mekanik

Mechaniker

kapiten

Kapitän

dentist

Zahnarzt

shkencëtar

Wissenschaftler

rabin

Rabbi

imam

Imam

murg

Mönch

klerik

Geistlicher

mjete
Werkzeuge

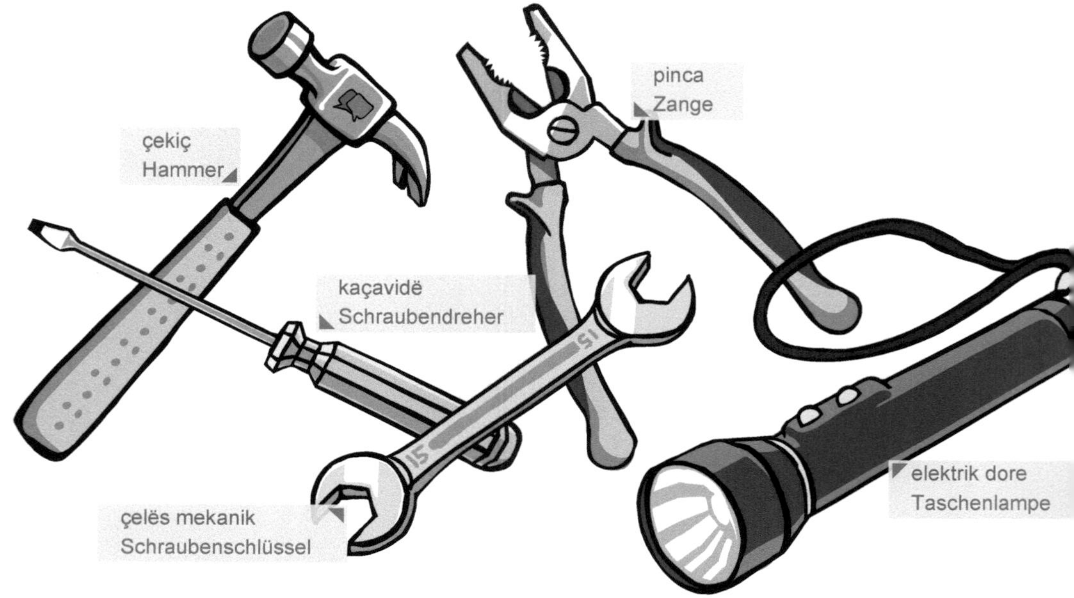

çekiç
Hammer
pinca
Zange
kaçavidë
Schraubendreher
elektrik dore
Taschenlampe
çelës mekanik
Schraubenschlüssel

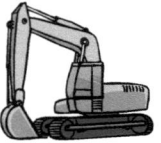

ekskavator

Bagger

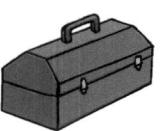

kuti veglash

Werkzeugkasten

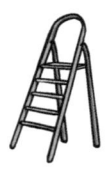

shkallë

Leiter

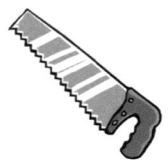

sharrë

Säge

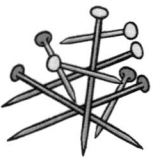

gozhdë

Nägel

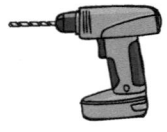

trapan

Bohrer

riparoj

reparieren

lopatë

Schaufel

Dreq!

Mist!

kaci

Kehrblech

kuti boje

Farbtopf

vidhë

Schrauben

instrumenta muzikorë
Musikinstrumente

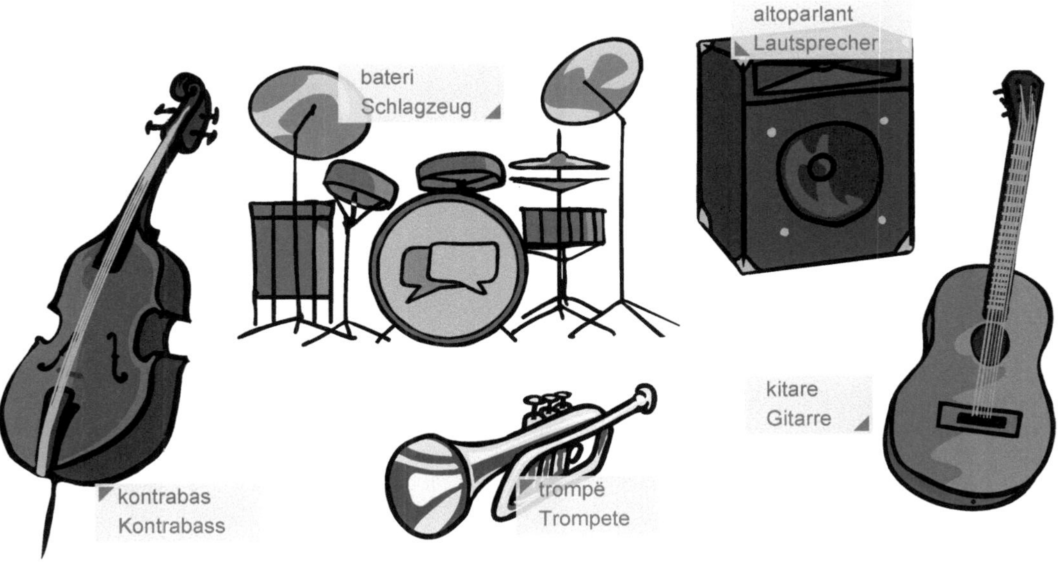

bateri
Schlagzeug

altoparlant
Lautsprecher

kitare
Gitarre

kontrabas
Kontrabass

trompë
Trompete

piano

Klavier

violinë

Violine

bas

Bass

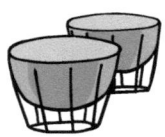

tamburë

Pauke

daulle

Trommeln

tastierë pianoje

Keyboard

saksofon

Saxophon

flaut

Flöte

mikrofon

Mikrofon

kopsht zoologjik
Zoo

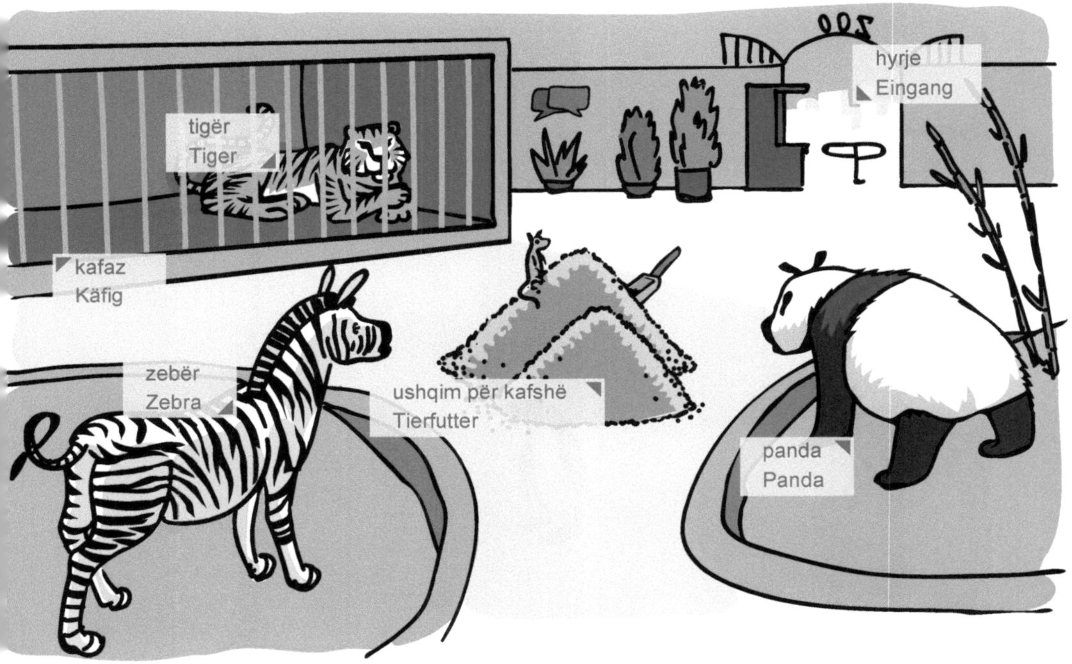

hyrje
Eingang
tigër
Tiger
kafaz
Käfig
zebër
Zebra
ushqim për kafshë
Tierfutter
panda
Panda

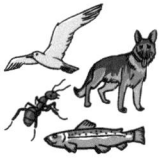

kafshë
Tiere

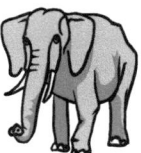

elefant
Elefant

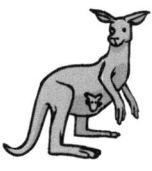

kangur
Känguru

rinoceront
Nashorn

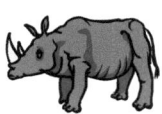

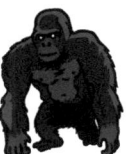

gorillë
Gorilla

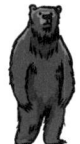

ari
Bär

deve
Kamel

struc
Strauß

luan
Löwe

majmun
Affe

flamingo
Flamingo

papagall
Papagei

ari polar
Eisbär

pinguin
Pinguin

peshkaqen
Hai

pallua
Pfau

gjarpër
Schlange

krokodil
Krokodil

punonjës i kopshtit zoologjik
Zoowärter

fokë
Robbe

xhaguar
Jaguar

poni

Pony

leopard

Leopard

hipopotam

Nilpferd

gjirafë

Giraffe

shqiponjë

Adler

derr i egër

Wildschwein

peshk

Fisch

breshkë

Schildkröte

lopë deti

Walross

dhelpër

Fuchs

gazelë

Gazelle

futboll amerikan
American Football

çiklizëm
Radfahren

tenis
Tennis

basketboll
Basketball

not
Schwimmen

boks
Boxen

hokej mbi akull
Eishockey

futboll
Fußball

badminton
Badminton

atletikë
Leichtathletik

hendboll
Handball

ski
Skilaufen

polo
Polo

aktivitet
Aktivitäten

qesh
lachen
hidhem
springen
përqafoj
umarmen
eci
gehen
këndoj
singen
ëndërroj
träumen
lutem
beten
puth
küssen

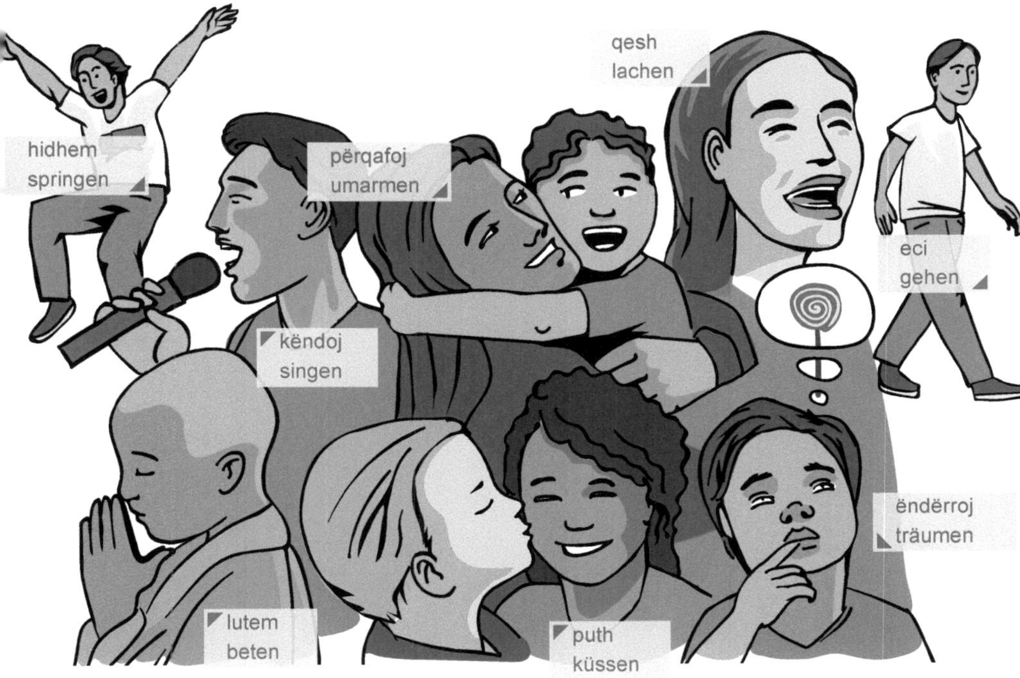

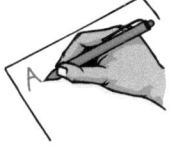

shkruaj
schreiben

vizatoj
zeichnen

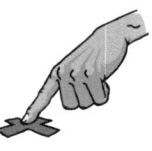

tregoj
zeigen

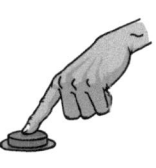

shtyj
drücken

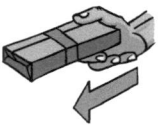

jap
geben

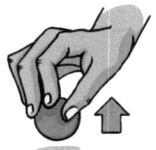

marr
nehmen

kam

haben

bëj

tun

jam

sein

qëndroj

stehen

vrapoj

laufen

tërheq

ziehen

hedh

werfen

bie

fallen

shtrihem

liegen

pres

warten

mbaj

tragen

ulem

sitzen

vishem

anziehen

fle

schlafen

zgjohem

aufwachen

shikoj

ansehen

qaj

weinen

përkëdhel

streicheln

kreh

kämmen

bisedoj

reden

kuptoj

verstehen

kërkoj

fragen

dëgjoj

hören

pi

trinken

ha

essen

sistemoj

aufräumen

dashuroj

lieben

gatuaj

kochen

drejtoj makinën

fahren

fluturoj

fliegen

lundroj

segeln

llogaris

rechnen

lexoj

lesen

mësoj

lernen

punoj

arbeiten

martohem

heiraten

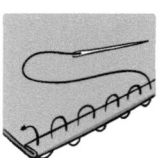

qep

nähen

laj dhëmbët

Zähne putzen

vras

töten

tymos

rauchen

dërgoj

senden

familje
Familie

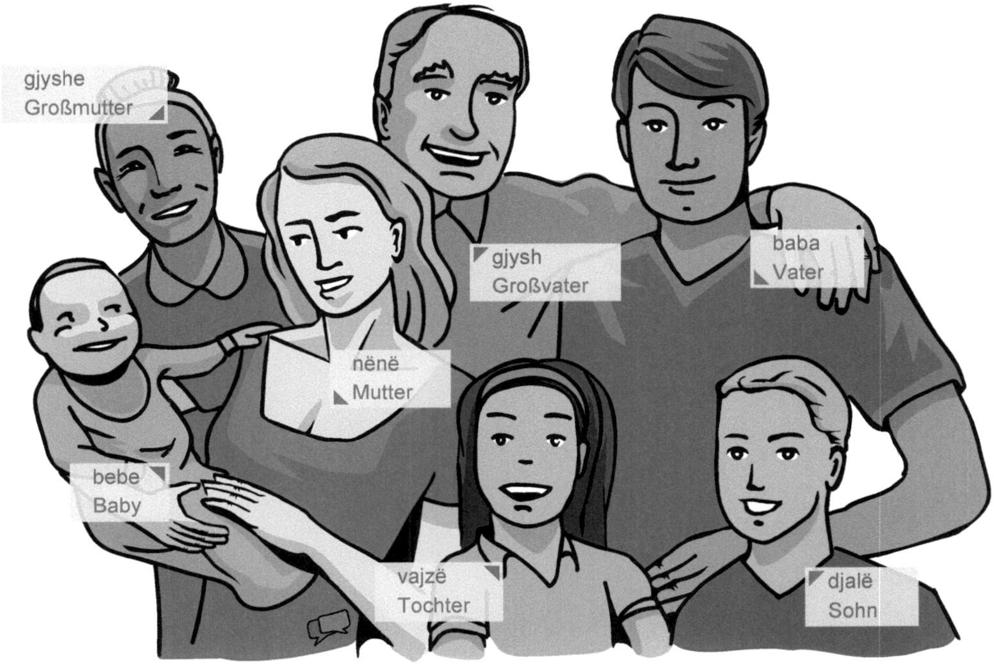
gjyshe
Großmutter
gjysh
Großvater
baba
Vater
nënë
Mutter
bebe
Baby
vajzë
Tochter
djalë
Sohn

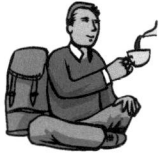

mysafir

Gast

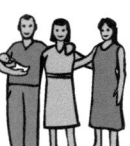

teze, hallë

Tante

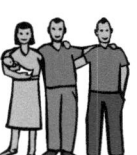

dajë, xhaxha

Onkel

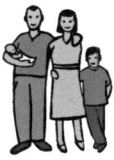

vëlla

Bruder

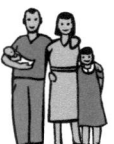

motër

Schwester

trupi
Körper

balli
Stirn
syri
Auge
shpatulla
Schulter
gishti
Finger
fytyra
Gesicht
mjekra
Kinn
dora
Hand
krahërori
Brust
këmba
Bein
krahu
Arm

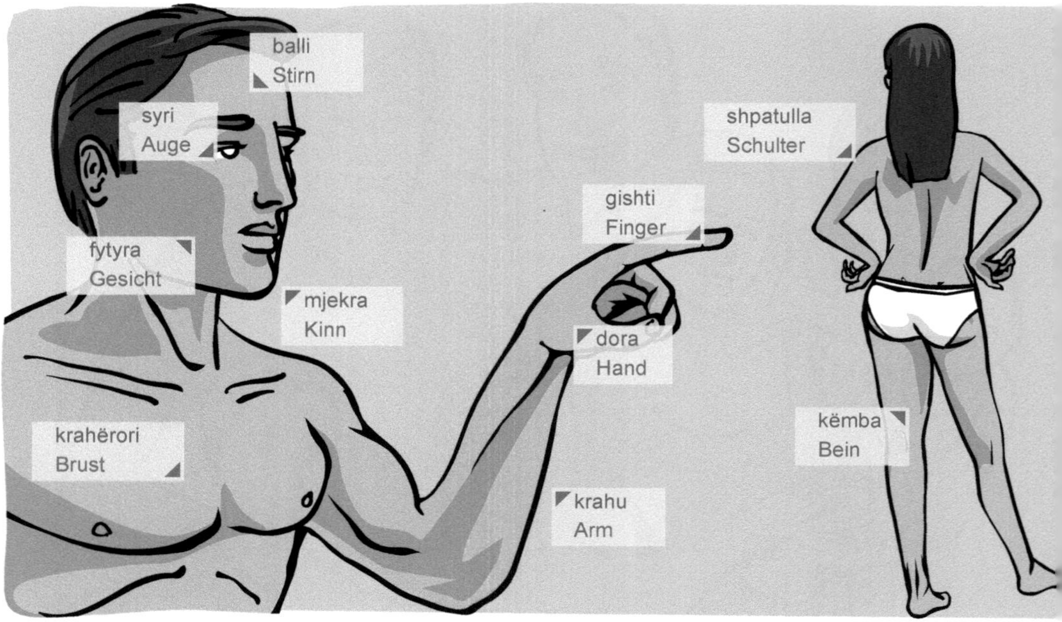

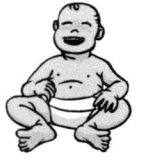

bebe

Baby

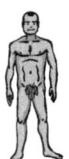

burrë

Mann

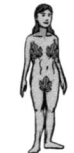

grua

Frau

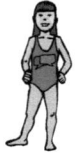

vajzë

Mädchen

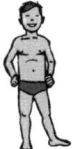

djalë

Junge

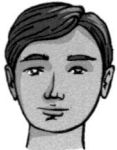

koka

Kopf

shpina

Rücken

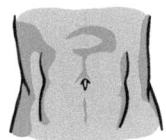

barku

Bauch

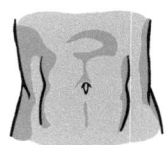

kërthiza

Nabel

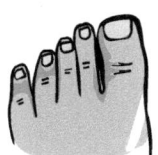

gisht këmbe

Zeh

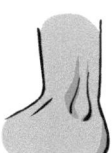

Thembra

Ferse

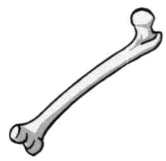

kockë

Knochen

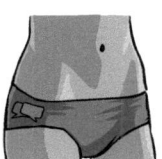

legeni

Hüfte

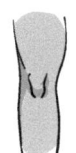

gjuri

Knie

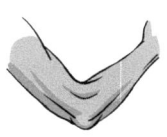

bërryli

Ellenbogen

hunda

Nase

vithe

Gesäß

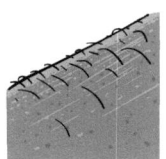

lëkura

Haut

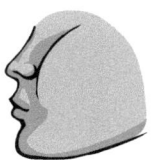

faqja

Wange

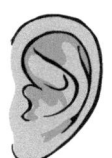

veshi

Ohr

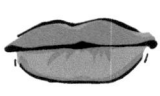

buza

Lippe

goja

Mund

dhëmbët

Zahn

gjuha

Zunge

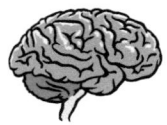

truri

Gehirn

zemra

Herz

muskul

Muskel

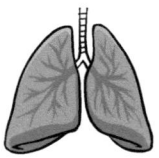

mushkëria

Lunge

mëlçia

Leber

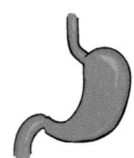

stomaku

Magen

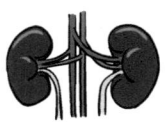

veshka

Nieren

seks

Geschlechtsverkehr

prezervativ

Kondom

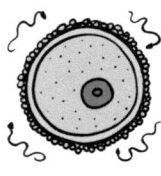

veza

Eizelle

sperma

Sperma

shtatëzani

Schwangerschaft

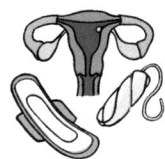

menstruacione

Menstruation

vagina

Vagina

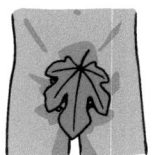

penis

Penis

vetulla

Augenbraue

flokët

Haar

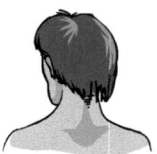

qafa

Hals

spital

Krankenhaus

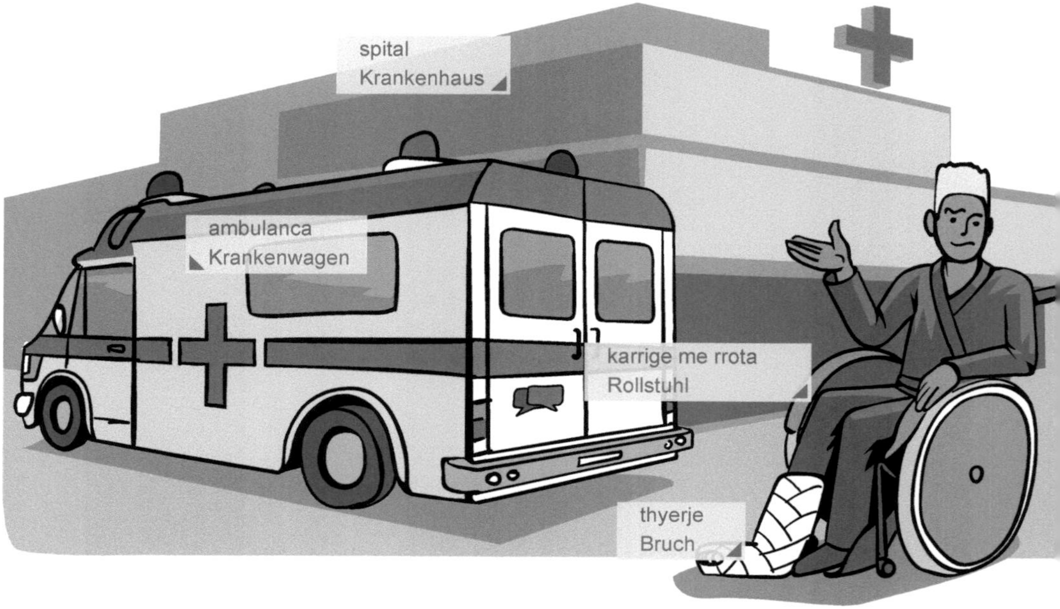

spital
Krankenhaus
ambulanca
Krankenwagen
karrige me rrota
Rollstuhl
thyerje
Bruch

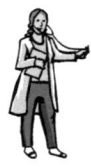

mjek

Arzt

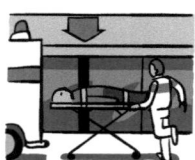

sallë urgjencash

Notaufnahme

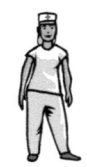

infermiere

Krankenschwester

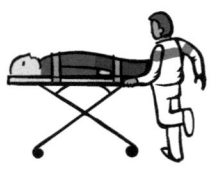

emergjencë

Notfall

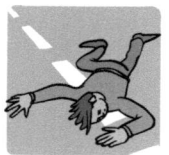

i pandërgjegjshëm

ohnmächtig

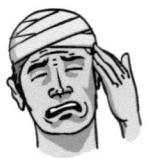

dhimbje

Schmerz

dëmtim

Verletzung

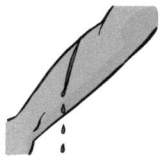

gjakosje

Blutung

infarkt

Herzinfarkt

goditje

Schlaganfall

alergji

Allergie

kolla

Husten

ethe

Fieber

grip

Grippe

diarre

Durchfall

dhimbje koke

Kopfschmerzen

kancer

Krebs

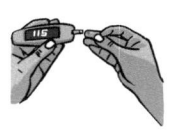

diabet

Diabetis

kirurg

Chirurg

bisturi

Skalpell

operacion

Operation

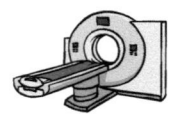

CT (skaner)
CT

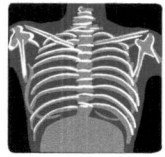

radiografi
Röntgen

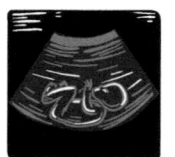

ultratingull
Ultraschall

maskë fytyre
Maske

sëmundje
Krankheit

dhomë pritjeje
Wartezimmer

paterica
Krücke

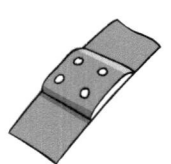

leukoplast
Pflaster

fasho
Verband

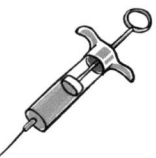

injeksion
Injektion

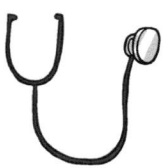

stetoskop
Stethoskop

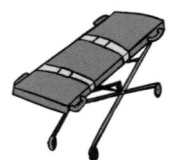

barelë
Trage

termometër
Thermometer

lindje
Geburt

mbipeshë
Übergewicht

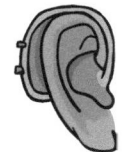

aparat dëgjimi

Hörgerät

dezinfektant

Desinfektionsmittel

infeksion

Infektion

virus

Virus

HIV / AIDS

HIV / AIDS

mjekësi, mjekim

Medizin

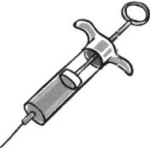

vaksinim

Impfung

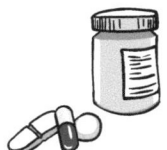

tableta

Tabletten

pilulë

Pille

telefonatë eme gjence

Notruf

aparat tensioni

Blutdruck-Messgerät

i sëmurë / i shëndetshëm

krank / gesund

Ndihmë!

Hilfe!

alarm

Alarm

sulm

Überfall

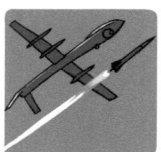

atak

Angriff

rrezik

Gefahr

dalje emergjence

Notausgang

Zjarr!

Feuer!

fikëse zjarri

Feuerlöscher

aksident

Unfall

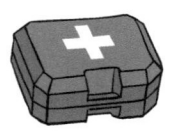

kuti e ndimës së shpejtë

Erste-Hilfe-Koffer

SOS

SOS

policia

Polizei

Europa
Europa

Amerika e Veriut
Nordamerika

Amerika e Jugut
Südamerika

Afrika
Afrika

Azia
Asien

Australia
Australien

Atlantiku
Atlantik

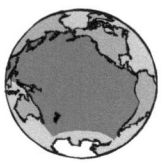

Paqësori
Pazifik

Oqeani Indian
Indischer Ozean

Oqeani Antarktik
Antarktischer Ozean

Oqeani Arktik
Arktischer Ozean

Poli i veriut
Nordpol

Poli i Jugut

Südpol

Antarktida

Antarktis

toka

Erde

tokë

Land

det

Meer

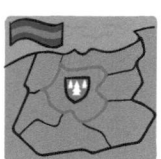

ishull

Insel

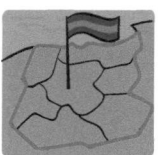

komb

Nation

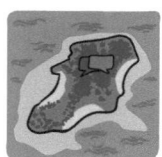

shtet

Staat

fusha e orës

Zifferblatt

akrepi i orës

Stundenzeiger

akrepi i minutave

Minutenzeiger

akrepi i sekondave

Sekundenzeiger

Sa është ora?

Wie spät ist es?

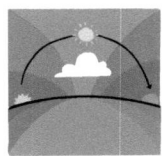

ditë

Tag

kohë

Zeit

tani

jetzt

orë dixhitale

Digitaluhr

minutë

Minute

orë

Stunde

Woche

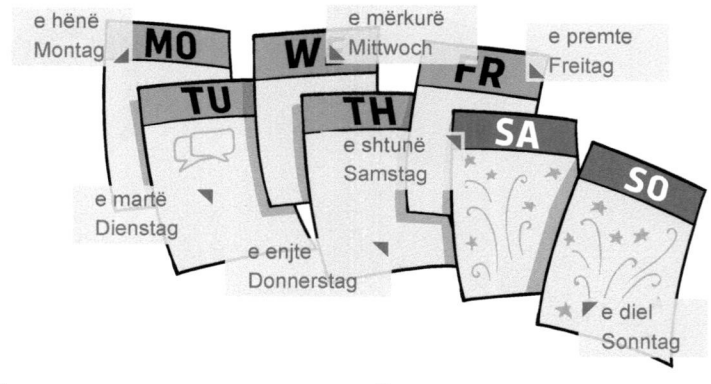

e hënë
Montag — MO

e mërkurë
W — Mittwoch

e premte
FR — Freitag

TU

TH

SA

e martë
Dienstag

e shtunë
Samstag

SO

e enjte
Donnerstag

e diel
Sonntag

dje

gestern

sot

heute

nesër

morgen

mëngjes

Morgen

mesditë

Mittag

mbrëmje

Abend

MO	TU	WE	TH	FR	SA	SU
1	2	3	4	5	6	7
8	9	10	11	12	13	14
15	16	17	18	19	20	21
22	23	24	25	26	27	28
29	30	31	1	2	3	4

ditë pune

Arbeitstage

MO	TU	WE	TH	FR	SA	SU
1	2	3	4	5	6	7
8	9	10	11	12	13	14
15	16	17	18	19	20	21
22	23	24	25	26	27	28
29	30	31	1	2	3	4

fundjavë

Wochenende

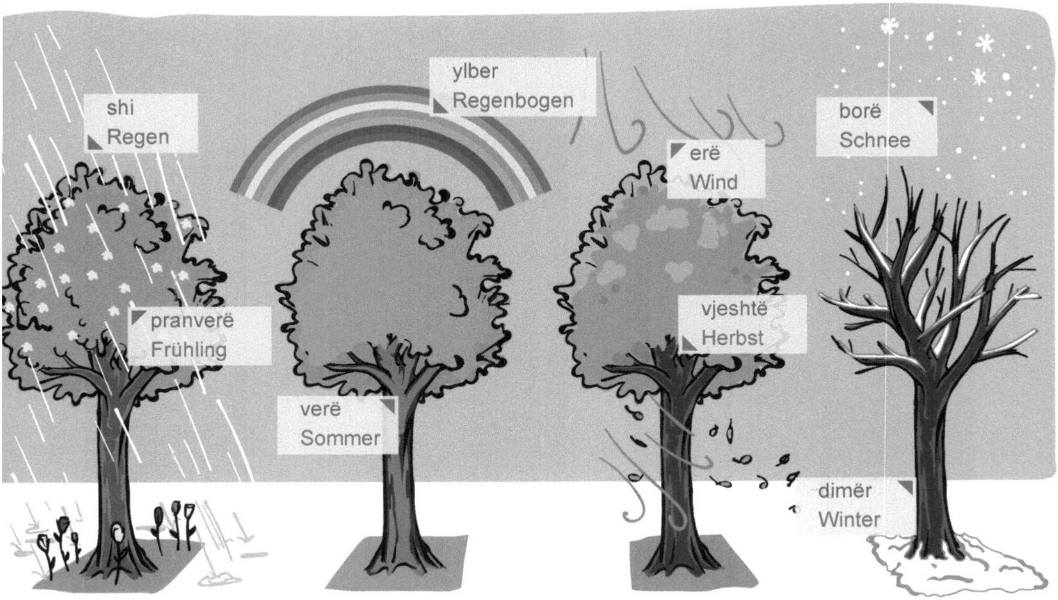

shi
Regen
ylber
Regenbogen
erë
Wind
borë
Schnee
pranverë
Frühling
vjeshtë
Herbst
verë
Sommer
dimër
Winter

4.APRIL 11°
5.APRIL 4°
6.APRIL 13°
7.APRIL 8°
8.APRIL 10°

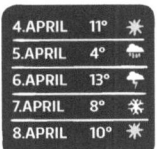

parashikimi i motit

Wettervorhersage

F
C
120
90
60
30
0
-30
40
30
20
10
0
-10
-20

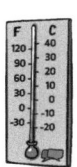

termometër

Thermometer

ndriçim dielli

Sonnenschein

re

Wolke

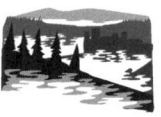

mjegull

Nebel

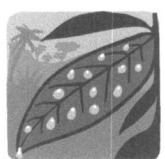

lagështi

Luftfeuchtigkeit

vetëtima

Blitz

gjëmim

Donner

stuhi

Sturm

breshër

Hagel

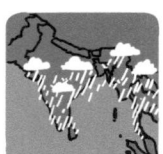

muson

Monsun

përmbytje

Flut

akull

Eis

janar

Januar

shkurt

Februar

mars

März

prill

April

maj

Mai

qershor

Juni

korrik

Juli

gusht

August

shtator
....
September

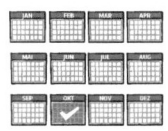

tetor
....
Oktober

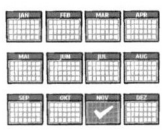

nëntor
....
November

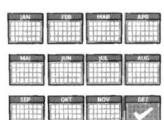

dhjetor
....
Dezember

Formen

rreth
....
Kreis

katror
....
Quadrat

drejtkëndësh
....
Rechteck

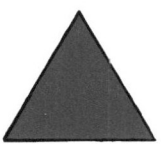

trekëndësh
....
Dreieck

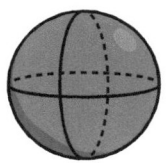

sferë
....
Kugel

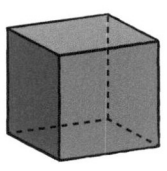

kub
....
Würfel

e bardhë

weiß

e verdhë

gelb

portokalli

orange

rozë

pink

e kuqe

rot

vjollcë

lila

blu

blau

e gjelbër

grün

kafe

braun

gri

grau

e zezë

schwarz

shumë / pak

viel / wenig

i nevrikosur / i qetë

wütend / friedlich

i bukur / i shëmtuar

hübsch / hässlich

fillim / fund

Anfang / Ende

i madh / i vogël

groß / klein

i ndritshëm / i errët

hell / dunkel

vëlla / motër

Bruder / Schwester

e pastër / e pistë

sauber / schmutzig

e plotë / jo e plotë

vollständig / unvollständig

ditë / natë

Tag / Nacht

gjallë / vdekur

tot / lebendig

i gjerë / i ngushtë

breit / schmal

i ngrënshëm / i pangrënshëm

genießbar / ungenießbar

i keq / i këndshëm

böse / freundlich

i lumtur / i mërzitur

aufgeregt / gelangweilt

i shëndoshë / i dobët

dick / dünn

e para / e fundit

zuerst / zuletzt

mik / armik

Freund / Feind

plot / bosh

voll / leer

e fortë / e butë

hart / weich

e rëndë / e lehtë

schwer / leicht

uri / etje

Hunger / Durst

i sëmurë / i shëndetshëm

krank / gesund

e paligjshme / e ligjshme

illegal / legal

i zgjuar / budalla

intelligent / dumm

majtas / djathtas

links / rechts

afër / larg

nah / fern

e re / e përdorur

neu / gebraucht

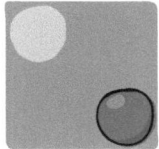

asgjë / diçka

nichts / etwas

i moshuar / i ri

alt / jung

ndezur / fikur

an / aus

hapur / mbyllur

offen / geschlossen

i qetë / i zhurmshëm

leise / laut

i pasur / i varfër

reich / arm

e drejtë / e gabuar

richtig / falsch

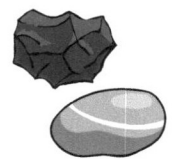

i ashpër / i butë

rau / glatt

i mërzitur / i lumtur

traurig / glücklich

i shkurtër / i gjatë

kurz / lang

ngadalë / shpejt

langsam / schnell

i lagësht / i thatë

nass / trocken

ngrohtë / freskët

warm / kühl

luftë / paqe

Krieg / Frieden

0 zero null	**1** një eins	**2** dy zwei
3 tre drei	**4** katër vier	**5** pesë fünf
6 gjashtë sechs	**7** shtatë sieben	**8** tetë acht
9 nentë neun	**10** dhjetë zehn	**11** njëmbëdhjetë elf

12

dymbëdhjetë

zwölf

13

trembëdhjetë

dreizehn

14

katërmbëdhjetë

vierzehn

15

pesëmbëdhjetë

fünfzehn

16

gjashtëmbëdhjetë

sechzehn

17

shtatëmbëdhjetë

siebzehn

18

tetëmbëdhjetë

achtzehn

19

nentëmbëdhjetë

neunzehn

20

njëzetë

zwanzig

100

qind

hundert

1.000

mijë

tausend

1.000.000

milion

million

anglisht
Englisch

anglishte amerikane
Amerikanisches Englisch

kinezisht mandarin
Chinesisch Mandarin

hindi
Hindi

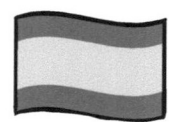

spanjisht
Spanisch

frëngjisht
Französisch

arabisht
Arabisch

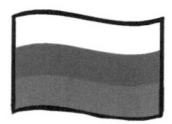

rusisht
Russisch

portugalisht
Portugiesisch

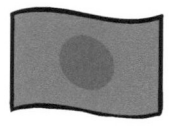

bengalisht
Bengalisch

gjermanisht
Deutsch

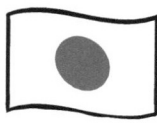

japonisht
Japanisch

unë

ich

ti

du

ai / ajo

er / sie / es

ne

wir

ju

ihr

ata

sie

kush?

wer?

çfarë?

was?

si?

wie?

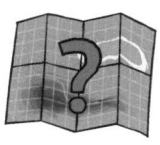

ku?

wo?

kur?

wann?

emër

Name

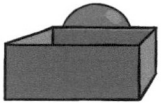

pas

hinter

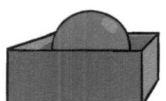

në

in

përballë

vor

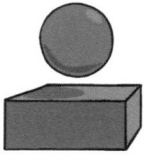

sipër

über

mbi

auf

poshtë

unter

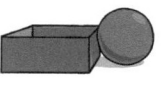

pranë

neben

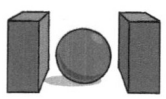

midis

zwischen

vend

Ort